Made in the USA
Monee, IL
15 September 2021

78088142R00085